¿Quién fue
Walt Disney?

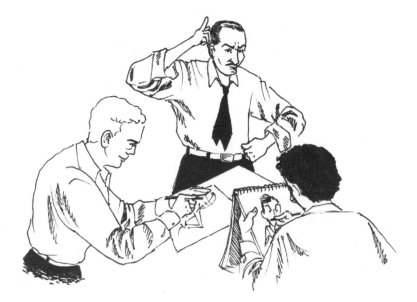

¿Quién fue Walt Disney?

Por Whitney Stewart

Ilustrado por Nancy Harrison

Traducido del inglés por Inés Rocha

Grosset & Dunlap

An Imprint of Penguin Group (USA) Inc.

A Christoph, un gran artista joven—WS

GROSSET & DUNLAP
Published by the Penguin Group
Penguin Group (USA) Inc., 375 Hudson Street, New York, New York 10014, USA
Penguin Group (Canada), 90 Eglinton Avenue East, Suite 700, Toronto, Ontario M4P 2Y3,
Canada (a division of Pearson Penguin Canada Inc.)
Penguin Books Ltd., 80 Strand, London WC2R 0RL, England
Penguin Group Ireland, 25 St. Stephen's Green, Dublin 2, Ireland
(a division of Penguin Books Ltd.)
Penguin Group (Australia), 250 Camberwell Road, Camberwell, Victoria 3124, Australia
(a division of Pearson Australia Group Pty. Ltd.)
Penguin Books India Pvt. Ltd., 11 Community Centre,
Panchsheel Park, New Delhi—110 017, India
Penguin Group (NZ), 67 Apollo Drive, Rosedale, Auckland 0632, New Zealand
(a division of Pearson New Zealand Ltd.)
Penguin Books (South Africa) (Pty.) Ltd., 24 Sturdee Avenue,
Rosebank, Johannesburg 2196, South Africa

Penguin Books Ltd., Registered Offices: 80 Strand, London WC2R 0RL, England

Spanish translation by Inés Rocha.

Spanish translation copyright © 2012 by Penguin Group (USA) Inc. Text copyright © 2009
by Whitney Stewart. Cover illustration and interior illustrations copyright © 2009
by Nancy Harrison. All rights reserved. Spanish edition published in 2012 by Grosset
& Dunlap, a division of Penguin Young Readers Group, 345 Hudson Street, New York,
New York 10014. GROSSET & DUNLAP is a trademark of Penguin Group (USA) Inc.
MICKEY MOUSE and other Disney characters mentioned in this book are registered
trademarks of The Walt Disney Company. Printed in the U.S.A.

The Library of Congress has catalogued the original English edition under the following
Control Number: 2008037460

ISBN 978-0-448-45876-2   10 9 8 7 6 5 4 3 2

ALWAYS LEARNING   PEARSON

Contenido

¿Quién fue Walt Disney?

A Walt Disney le gustaba ser el payaso de su clase. Alguna vez reconoció que haría cualquier cosa para llamar la atención. A sus compañeros de escuela en Marceline, Misuri, les encantaban sus espectáculos.

Una vez atrapó un ratón de campo y le hizo una correa con un cordel. Ingresó a clase muy campante

y exhibió su nueva mascota por todo el salón.

Alguien vio al pequeño bicho y gritó. La maestra se le acercó, puso fin al espectáculo y castigó a Walt. Pero a él no le importó: él y su ratón habían sido famosos por un día.

Walt Disney no lo sabía entonces pero, un día, otro ratón—uno llamado Mickey—lo haría famoso en el mundo entero.

Capítulo 1
La granja

El 5 de diciembre de 1901, nació Walter Elías Disney en la habitación de arriba de una casita de dos pisos en la Avenida North Tripp en Chicago.

El padre de Walt, Elías, había construido la casa con sus propias manos.

La madre de Walt, Flora, era maestra pero abandonó su carrera para criar a sus cinco hijos. Era tan simpática y cariñosa como enojadizo y severo era su esposo.

Cuando Walt tenía cuatro años el vecindario se estaba volviendo peligroso, así que se trasladaron a una granja en Marceline, Misuri. Para Walt, fue la época más feliz de su infancia.

Walt amaba su nuevo hogar. Aunque Marceline era un pueblo chico, para Walt era muy emocionante

visitar la calle principal con sus tiendas pequeñas.

Alrededor de la granja había sauces llorones, manzanos, duraznos y ciruelos. Walt observaba conejos, ardillas, zorros y mapaches corretear en torno al estanque.

Le encantaba montar en los cerdos, aunque frecuentemente caía y aterrizaba en el barro. Él y sus amigos solían trotar en Charley, el viejo caballo

de la granja, que embestía por entre los árboles, sin importarle la seguridad de sus jinetes. Walt se veía obligado a saltar de su lomo para evitar golpearse la cabeza con las ramas.

Sus padres y hermanos mayores—Herbert, Raymond y Roy—vivían muy ocupados con las labores de la granja, lo que les dificultaba llevar a Walt a la escuela, así que no empezó a estudiar hasta que tuvo casi siete años. Para entonces Ruth, su hermana de cinco años, también estaba lista para asistir a la escuela. Walt decía que ingresar a la escuela con la hermana menor "era lo más vergonzoso que podía sucederle a alguien".

Después de la escuela, Walt iba a pescar y se bañaba desnudo en el río. En invierno, paseaba en trineo o patinaba en un arroyuelo congelado. Los domingos, la familia Disney visitaba a los vecinos. Elías algunas veces tocaba el violín. Era una de las pocas ocasiones en que Walt veía a su padre pasando un buen rato.

Walt siempre buscaba entretener a las personas, hacer que la pasaran bien. En una ocasión, un grupo de actores llegó al pueblo para representar *Peter Pan*, la historia de un niño que nunca crece. A Walt le encantó la obra y obtuvo el papel de Peter en la representación de la escuela de esa misma obra. Su hermano Roy montó unos alambres para elevar a Walt en el aire. Para el público, parecía que Walt estaba volando... pero los alambres se reventaron y Walt cayó encima de una sorprendida audiencia.

Tan pronto pudo sostener un lápiz, Walt comenzó a pasar horas enteras dibujando. Le decía a todo el mundo que él era un artista. Sus posesiones más valiosas eran sus lápices de colores y el papel de dibujo de su tía Margaret.

Walt definitivamente tenía talento. Su vecino Doc Sherwood lo consideraba tan bueno que le encargó un dibujo de su caballo. El caballo no se quedaba quieto y Walt tuvo problemas para hacer el dibujo, pero Doc Sherwood y su esposa lo elogiaron mucho. Walt se sintió muy orgulloso.

Pero incluso el dibujo llevaba a Walt a meterse en problemas. Un día descubrió un barril lleno de alquitrán negro, tan suave como la pintura. Walt y Ruth tomaron unos palos, los sumergieron en el alquitrán y se dedicaron a dibujar en la pared exterior de su pequeña casa blanca. A sus padres no los hizo felices descubrir la obra de arte y ¡el alquitrán no se podía quitar!

Capítulo 2
El repartidor de periódicos

La vida en la granja era muy divertida para Walt pero muy dura para su padre, quien parecía incapaz de lograr una buena cosecha. La familia nunca tenía suficiente dinero y la preocupación empeoraba el genio de su padre. Walt lo evitaba siempre que le era posible y era mucho más cercano a su amable y sonriente madre.

Cuando a Elías le dio fiebre tifoidea, Flora no tuvo más opción que vender la granja.

Walt quedó destrozado por la noticia. Cuando un campesino fue a comprar el potro que él y Roy habían amansado, se soltó a llorar. El potro relinchaba buscando a Walt. Él corrió a abrazarlo; luego, el campesino se lo llevó.

Los Disney se trasladaron a Kansas City, donde

Elías repartía periódicos para el *Kansas City Times* con la ayuda de Walt. A los nueve años Walt comenzó a repartir periódicos. Tenía que levantarse todos los días antes del amanecer. Algunas veces estaba tan cansado que se hacía un ovillo en un pórtico y caía dormido. Cuando despertaba, corría a completar la repartición y luego a la escuela.

Walt tenía problemas para concentrarse en sus clases. Una maestra lo calificó como "el segundo más tonto" de la clase. Con frecuencia fantaseaba o buscaba formas para hacer reír a sus compañeros de clase. Le encantaba dibujar personajes divertidos en la pizarra. También dibujaba animales en las esquinas de las páginas de sus libros de texto. Cuando pasaba las hojas rápidamente, parecía que el animal se estuviera moviendo. Esos fueron sus primeros dibujos animados.

Walt admiraba a Abraham Lincoln, así que un día hizo un sombrero de copa de cartón y se pintó una verruga en la mejilla para parecerse a Lincoln. Luego recitó

el Discurso de Gettysburg a sus compañeros. A la maestra le encantó la representación de Walt y le pidió que la hiciera para los otros grupos. Walt no tuvo problema pues le encantaba lucirse.

El mejor amigo de Walt también se llamaba Walt y también le gustaba actuar. Los dos se disfrazaron del comediante Charlie Chaplin y su enemigo, el Conde. Presentaron su obra en varios concursos y una vez ganaron un premio de veinticinco centavos cada uno.

CHARLIE CHAPLIN

EN LOS PRIMEROS TIEMPOS DE LAS PELÍCULAS DE HOLLYWOOD, CHARLIE CHAPLIN FUE UNO DE LOS ACTORES MÁS FAMOSOS. TAMBIÉN FUE ESCRITOR, DIRECTOR, PRODUCTOR Y COMPOSITOR. CHAPLIN NACIÓ EN INGLATERRA EN 1889 Y PROTAGONIZÓ MÁS DE OCHO PELÍCULAS ANTES DE MORIR EN 1977.

CHARLIE CREÓ UN PERSONAJE DIVERTIDO Y TRISTE A LA VEZ QUE PROTAGONIZÓ MUCHAS PELÍCULAS MUDAS: SE LLAMABA EL PEQUEÑO VAGABUNDO. EL PEQUEÑO VAGABUNDO LUCÍA UN ABRIGO APRETADO, PANTALONES MUY ANCHOS, ZAPATOS GRANDES Y UN SOMBRERO EN FORMA DE HONGO. LLEVABA UN BASTÓN DE BAMBÚ, CAMINABA SACANDO LOS PIES, ERA EXTREMADAMENTE EDUCADO Y SIEMPRE LOGRABA INVOLUCRARSE EN SITUACIONES RIDÍCULAS.

WALT DISNEY SE INSPIRÓ EN CHARLIE CHAPLIN PARA CREAR SU PRIMER MICKEY MOUSE.

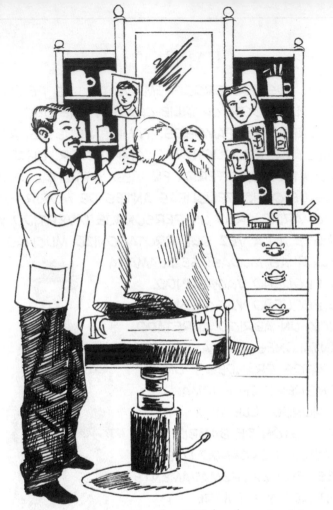

El talento artístico de Walt le sirvió para ganar cortes de pelo gratis con el peluquero del barrio porque los vecinos comenzaron a visitar la peluquería solo para ver los nuevos dibujos de

Walt en las paredes. Walt vivía encantado con esa pequeña dosis de fama.

A los quince años, Walt pudo visitar varios lugares del país. Consiguió un trabajo de verano en un tren que viajaba entre Kansas City, Misuri, y Spiro, Oklahoma. Caminaba por los pasillos vendiendo periódicos, golosinas y refrescos, y conversando con los pasajeros. A veces, el maquinista le permitía viajar en el vagón del carbón lo cual, para Walt, equivalía a estar en el cielo. Toda su vida amó los trenes porque en ellos se puede llegar a lugares nuevos y tener nuevas aventuras.

Capítulo 3
Conociendo el mundo

En 1917, la familia Disney tuvo que trasladarse una vez más. La repartición de periódicos no les dejaba suficiente dinero, así que Elías decidió que la familia debía regresar a Chicago. Allí, invirtió lo que tenía en una compañía de jugos y gelatinas de fruta... tal vez esta vez su suerte mejoraría.

En Chicago, Walt asistía a la Escuela Secundaria McKinley y, una vez más, se aburría en las clases. Lo único que le gustaba era hacer dibujos animados para el periódico escolar. Al cabo de un año, abandonó la escuela.

Aunque no estaba seguro de lo que quería hacer, Walt confiaba en sí mismo. Estaba convencido de que algún día tendría mucho éxito, tal vez como caricaturista en un diario o tal vez en algún oficio en el mundo del espectáculo.

En las noches tomaba cursos de arte en la Academia de Bellas Artes de Chicago. También se compró una cámara de cine con la que hacía películas cortas junto a su nuevo amigo Russell Maas.

Montaron entre ambos una comedia pero debió ser bastante mala pues, cuando la presentaron en un teatro, los expulsaron del escenario.

Para mantenerse, Walt solicitó un empleo en la oficina de correos. El jefe le dijo que era muy joven para el cargo así que Walt regresó a casa, se cambió de ropas, se puso un sombrero de hombre y se pintó bigotes en el rostro. Luego regresó a la

oficina de correos, habló nuevamente con el jefe y, esta vez, ¡le dieron el empleo!

Mientras Walt trabajaba en la oficina de correos, dos de sus hermanos—Herbert y Roy—estaban prestando servicio en el ejército. Eran tiempos de guerra: la Primera Guerra Mundial. Estados Unidos se había unido a la batalla para combatir a Alemania y enviaba miles de tropas a Europa.

Walt sentía que se estaba perdiendo la acción. Para él, la guerra era una gran aventura, pero era demasiado joven para alistarse. Finalmente, convenció a su madre de firmarle una autorización para trabajar como conductor de ambulancias. Zarpó rumbo a Francia en noviembre de 1918, cuando aún no había cumplido diecisiete años, dispuesto a ver todo un mundo nuevo.

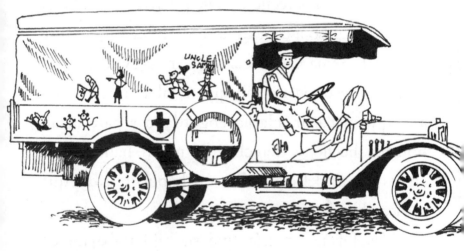

Walt nunca estuvo cerca del campo de batalla; fue una gran decepción para él llegar a Francia y descubrir que la lucha ya había terminado. En lugar de rescatar soldados heridos, pasó la mayor parte del tiempo llevando y trayendo oficiales, haciendo mandados y dibujando. Dibujó caricaturas en las lonas de la cubierta de su ambulancia.

Walt ganó algo de dinero extra en forma poco honesta: él y un amigo encontraron unos cascos de soldados alemanes, los rasparon y dispararon sobre ellos. Posteriormente, el amigo de Walt los vendió como verdaderos recuerdos de guerra.

Walt regresó a casa un año después, en octubre de 1919. Tenía casi dieciocho años. A su familia le costó reconocerlo porque estaba mucho más alto que al partir. Había engordado y parecía un hombre hecho y derecho. También había caído en las garras del cigarrillo, un hábito terrible que nunca abandonó.

Elías Disney quería que su hijo trabajara en Chicago, en la fábrica de gelatinas pero... a Walt no le interesaba.

En contra de los deseos de su padre, decidió

regresar a Kansas City y buscar trabajo como artista.

Walt Disney estaba listo para emprender su propio camino.

Capítulo 4
Dibujos con movimiento

En Kansas City Walt se asoció con otro artista, uno cuyo nombre era inusual: Ub Iwerks. Ub era tímido y serio, todo lo contrario de Walt. Ub también era muy talentoso. Juntos fundaron su propia compañía con la esperanza de crear arte para anuncios y carteles. Tenían muchas ideas, solo les hacía falta una cosa: clientes. El negocio cerró un mes después de fundarse.

UB IWERKS

Poco después, Walt y Ub consiguieron trabajo en la Kansas City Slide Company. Resultó ser un golpe de suerte porque la compañía le cambió la vida a Walt: allí aprendió todo sobre animación.

La animación es una película de dibujos que se mueven—dibujos animados—. En 1920, los dibujos animados eran una novedad. El público quedaba asombrado al ver los dibujos de personajes divertidos y animales moviéndose en la pantalla.

LO ESENCIAL DE LA ANIMACIÓN

UN ARTISTA CREA ANIMACIONES SIMPLES
(POR EJEMPLO, UN PERRO MENEANDO LA COLA)
DIBUJANDO AL MISMO PERSONAJE UNA Y OTRA
VEZ EN HOJAS DE PAPEL APARTE. EN CADA DIBUJO
VARÍA UN POCO LA POSICIÓN DE LA COLA. CUANDO
LAS HOJAS DE PAPEL SE PASAN MUY RÁPIDAMENTE,
EL OJO HUMANO VE LA COLA MOVIÉNDOSE. EN
LAS PELÍCULAS, LOS ANIMADORES PROFESIONALES
CREAN LA ILUSIÓN DE MOVIMIENTO AL GRABAR LAS
ESCENAS CAMBIANTES MARCO POR MARCO.

Los artistas competían entre ellos para inventar nuevas técnicas de dibujos animados. Walt quería participar en ello, así que fue a la biblioteca y sacó un libro llamado *Animated Cartoons: How They Are Made, Their Origin and Development (Dibujos animados: cómo son hechos, su origen y desarrollo)*, de Edwin G. Lutz. Lo estudió y luego organizó un taller en el cobertizo de atrás de su casa.

Todas las noches se dedicaba a dibujar personajes en diferentes posiciones y luego los filmaba. Hacer que un personaje levantara un brazo podía exigir hasta dieciocho dibujos. La animación exige mucho tiempo, pero el trabajo duro nunca asustó a Walt.

Llamaba a sus dibujos animados *Risogramas*. Eran mudos, estaban llenos de bromas y duraban tan solo un par de minutos. Algunos estaban basados en cuentos de hadas, pero Walt modificaba las historias para hacerlas más divertidas. Después de venderle un *Risograma* a los teatros Newman de Kansas City, Walt decidió fundar una pequeña compañía para hacer más.

Walt contrató artistas para que lo ayudaran a hacer dibujos animados pues él no podía hacer todos los dibujos. El problema era que no podía darse el lujo de pagarles un salario fijo, por lo que les prometió compartir el dinero que ganaran

con las animaciones. Su amigo Ub Iwerks y otros
jóvenes se unieron a Walt en la nueva empresa.
Pasaban los días dibujando personajes, pensando
bromas y jugando con la filmadora.

Walt trabajó en una película llamada *Alice's Wonderland (El país de las maravillas de Alicia)* sobre una niña real llamada Alice, representada por una pequeña actriz de cuatro años llamada Virginia Davis. La Alice de Walt se encuentra a sí misma en un mundo de dibujos animados. La mezcla de actores reales con animaciones era algo nuevo. Pero, antes de terminar *Alice's Wonderland*, la compañía de Walt entró en bancarrota. Walt tuvo que vender incluso su cámara filmadora.

Kansas City no era el lugar adecuado para la industria del entretenimiento. Walt lo sabía. Si quería que la empresa funcionara y creciera, tendría que trasladarse a donde se hacían las películas: Hollywood.

CÓMO SE HACÍA UNA PELÍCULA ANIMADA DE DISNEY

WALT DISNEY Y SUS ESCRITORES COMENZABAN A PENSAR UNA HISTORIA ESCENA POR ESCENA. LUEGO, LOS ANIMADORES DIBUJABAN CADA PERSONAJE EN MILES DE POSICIONES DISTINTAS PARA CREAR LA ACCIÓN. LOS ENTINTADORES TRAZABAN LAS LÍNEAS DE CADA DIBUJO EN UN PEDAZO DE CELULOIDE TRANSPARENTE. LOS PINTORES COLOREABAN LOS DIBUJOS DEL CELULOIDE. OTROS ARTISTAS DIBUJABAN LOS FONDOS PARA LAS ESCENAS. CUANDO LOS CAMARÓGRAFOS HABÍAN FOTOGRAFIADO CADA DIBUJO EN EL FONDO CORRESPONDIENTE, LOS ESPECIALISTAS EN SONIDO GRABABAN LAS VOCES Y EFECTOS DE SONIDO Y AGREGABAN MÚSICA DE FONDO. CUANDO TODO ESO ESTABA LISTO, AÚN FALTABA UNA COSA: LA APROBACIÓN DE WALT.

Capítulo 5
Hollywood

Tras la Primera Guerra Mundial, Hollywood se convirtió en el hogar de estudios cinematográficos como Universal, Paramount, Warner Brothers y Metro-Goldwyn-Mayer (MGM). Las películas se habían convertido en un gran negocio.

En agosto de 1923, Walt empacó su maleta de cartón con sus ropas y materiales de dibujo.

Compró un boleto de tren a California, donde ya vivía su hermano mayor Roy. Walt se instaló con un tío, al que pagaba unos pocos dólares al mes por su habitación y comidas.

Walt tenía grandes aspiraciones pero, ciertamente, no parecía ser un gran éxito. Estaba delgado como una caña y sus ropas lucían muy gastadas. Se arregló lo mejor que pudo y visitó todos los estudios de la ciudad pero nadie le dio trabajo. Entonces decidió volver a su antigua idea de hacer y vender dibujos animados.

En octubre finalmente llegó su oportunidad. Una mujer llamada Margaret Winkler vio lo que Walt había hecho para *Alice's Wonderland* y le gustó. Aceptó pagarle por una serie de dibujos animados de Alice que luego ella vendería a los teatros.

Eran excelentes noticias, excepto por un detalle. Walt tenía tan solo tres meses para hacer una nueva película y su pequeña actriz, Virginia Davis, aún vivía en Kansas City. Además, Walt necesitaba dinero para poder hacer la película. Ni siquiera tenía una cámara de cine, mucho menos un taller o artistas que trabajaran con él.

Walt recurrió a su hermano Roy. Roy era ocho años mayor que Walt y, a diferencia de él, era un hombre práctico, con una mentalidad de negocios. Así que juntos fundaron el Disney Brothers Studio.

Con un préstamo de su tío y algún dinero de sus padres, Walt y Roy se establecieron en una pequeña oficina en la Avenida Kingswell. Walt se compró una cámara de cine y convenció a Virginia Davis y su familia de trasladarse a Hollywood.

ROY Y WALT DISNEY

Al principio, Walt hacía todo el trabajo creativo: inventaba las historias para cada una de las películas de Alice; dirigía a su pequeña actriz; dibujaba todos los personajes y montaba la animación. Trabajó tan duro que terminó su primera película antes del plazo establecido.

Pero hacer toda una serie de películas con Alice era demasiado trabajo para un solo hombre. Walt contrató a tres hombres para encargarse de las cámaras y ayudarlo con la animación. También contrató a tres mujeres para entintar y pintar los dibujos en blanco y negro. Una de las jóvenes,

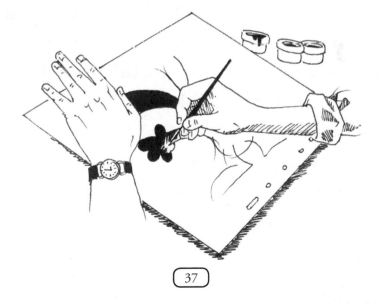

pequeña y de cabello oscuro, se llamaba Lillian Bounds.

A Walt le preocupaba que sus dibujos no fueran suficientemente buenos. Quería que sus películas fueran las mejores de la industria, así que contactó a Ub Iwerks y lo convenció de trasladarse a California y trabajar en el estudio de los Disney.

Ub tenía mucho talento y trabajaba rápidamente. Producía excelentes dibujos en muy poco tiempo. A medida que pasaba el tiempo, Ub se encargó cada vez más de los dibujos mientras Walt se concentraba en pensar las historias y dirigir.

Juntos crearon un nuevo personaje llamado Oswald el Conejo Afortunado y comenzaron a hacer una serie sobre él. Fue una idea muy buena: Oswald fue un éxito.

El estudio comenzó a vender dibujos animados con regularidad. De hecho, el negocio iba tan bien que Walt y Roy se mudaron a una oficina más grande en la Avenida Hyperion y Walt le cambió el nombre a la compañía. Quería que se llamara

Walt Disney Studios en lugar de Disney Brothers Studio. ¿Qué pensó Roy de eso? Parece ser que no le importó. Lo único que dijo fue: "Si es lo que quieres, no tengo problema". Al fin y al cabo, era Walt quien hacía los dibujos animados.

Walt vivía muy presionado ahora. Tenía que hacer muchas películas de Oswald y hacerlas rápidamente. Se volvió irritable. Desahogaba sus preocupaciones con sus empleados y algunos incluso renunciaron porque no soportaban sus comentarios insultantes. "Walt te podía hacer sentir muy mal cuando se lo proponía", dijo uno de ellos.

Luego, sucedió algo realmente desagradable, algo que Walt nunca esperó y que no merecía. Un hombre llamado Charlie Mintz, cuya compañía compraba los dibujos animados de Oswald el Conejo Afortunado, contrató a la mayoría de los artistas que trabajaban con Walt. Mintz decidió que ya no necesitaba a Walt. Teniendo a sus artistas, él podía hacer y vender a Oswald prescindiendo de Walt Disney Studios.

Lo que hizo Mintz en realidad no era ilegal, pero no por ello dejaba de estar mal.

Walt estaba tan alterado que no podía comer ni dormir. No solo había perdido a Oswald, también había sido traicionado. La única forma de salvar su empresa era crear un nuevo personaje, uno mejor que Oswald.

Walt comenzó a trabajar como loco en una nueva idea y la mantuvo en secreto. Solo unos pocos—Ub, quien dibujaba; Roy, quien siempre fue leal a su hermano; y Lillian, quien entintaba los dibujos—conocían al nuevo personaje.

El nuevo personaje sería un ratón.

Capítulo 6
Un ratón llamado Mickey

Lillian Bounds provenía de Idaho y tenía veintiséis años. Se había mudado a Hollywood en 1923. A su jefe, Walt, le gustaba su naturaleza audaz. Su cabello corto brincaba cuando ella reía.

Era frecuente que Walt llevara a Lillian en su auto después del trabajo. Estaba muy orgulloso del auto nuevo que había comprado, un Ford Roadster. En esos viajes llegaron a conocerse bien y,

finalmente, Walt la invitó a salir. Incluso, dijo que compraría un traje nuevo para la ocasión. Lillian aceptó y él salió de compras. Aunque parecía muy seguro de sí mismo, Walt era tímido con las mujeres. De hecho, tenía veintidós años y nunca había tenido una novia.

Walt se presentó en la casa de Lillian vestido con un traje de saco cruzado, gris verdoso, y con boletos para el teatro en la mano. Lillian estaba encantada.

El 13 de julio de 1925, Walt y Lillian se casaron. Pasaron su luna de miel en Mount Rainier. La noche de bodas, Walt tenía un dolor de muela tan fuerte que no pudo dormir. Para distraerse del dolor, abandonó la habitación y ayudó a un mozo a lustrar zapatos toda la noche.

A la mañana siguiente visitó al dentista y le sacaron un diente. Definitivamente no era la mejor manera de comenzar un matrimonio, pero Walt tenía una buena historia para contar.

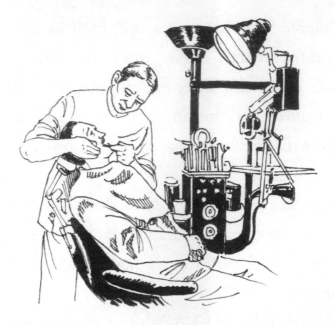

Lillian abandonó su empleo en el estudio pero se sentía sola en casa. Walt pasaba muchas horas en el trabajo por lo que, años más tarde, de vez en cuando después de cenar, Lillian regresaba con Walt al estudio y dormía en un sofá mientras él seguía trabajando.

Para la Navidad, Walt decidió conseguirle compañía a Lillian. Envolvió una caja grande de sombreros con una cinta y se la entregó en la mañana de Navidad. Esperando un sombrero,

Lillian abrió la caja y de ella saltó un peludo cachorro dorado al que llamó Sunnee. Al poco tiempo, Sunnee la acompañaba a todas partes. Walt estaba tan fascinado con Sunnee como su esposa.

En las noches, Walt contaba a Lillian los progresos de su nuevo personaje. Una historia dice que el ratón primero se llamó Mortimer pero a Lillian no le gustó ese nombre. Mortimer era demasiado serio. En su lugar, Lillian sugirió llamarlo Mickey.

Nadie sabe si esa historia es cierta. Walt solía exagerar las cosas para que las historias fueran más interesantes. Pero, de una u otra forma, el nuevo personaje terminó llamándose Mickey Mouse. Era flaco y con piernas de palo, tenía una cola larga y un rostro anguloso. No se parecía mucho al Mickey Mouse que todos conocemos hoy día. Tampoco era tan simpático. En las ·primeras animaciones protagonizadas por Mickey Mouse, él suele aparecer haciéndoles bromas pesadas a los otros personajes. Fue así que cuando Mickey se convirtió en héroe universal, Disney entendió que necesitaba de otro personaje que fuera travieso,

avaro y grosero, pero divertido. Ese personaje fue el Pato Donald.

Al igual que la mayoría de películas y dibujos animados de la época, la primera animación de Mickey Mouse, llamada *Plane Crazy* (*Loco por los aviones*), era muda y en blanco y negro. En ella, Mickey era un piloto atrevido que buscaba llamar la atención de su novia, Minnie. El personaje apareció poco después de que Charles Lindberg se convirtiera en la primera persona en volar sobre el Océano Atlántico.

CHARLES LINDBERGH

Mickey Mouse es tan famoso hoy día que es difícil creer que Walt no lograra vender sus dos primeras animaciones de Mickey. Pero... es cierto. Ningún teatro estaba interesado en proyectar las películas del ratón.

Dispuesto a nunca darse por vencido, Walt se preguntó qué podría hacer más emocionante a Mickey. Su respuesta fue: sonido. La primera película con sonido se estrenó en 1927, se llamaba *El cantante de jazz* y fue protagonizada por el popular actor Al Jolson. Pero, hasta entonces, nunca se había hecho una película animada con sonido. Si Walt lograba hacerla, con seguridad obtendría la atención del público.

En *Steamboat Willie* (*El barco de vapor de Willie*), Mickey Mouse silbaba y su novia Minnie gritaba "yoo-hoo". También tenía música y otros efectos de sonido como golpes de puertas, entre otros.

Steamboat Willie fue, sin duda, la mejor

animación con sonido de su época. El administrador del Teatro Colony en Nueva York aceptó proyectarla y el público quedó enamorado. Muy pronto otros teatros comenzaron a exhibirla. Walt se apresuró a poner sonido a sus dos animaciones anteriores de Mickey y así logró venderlas a los teatros (en grabaciones posteriores, Walt mismo haría las voces de Mickey y Minnie).

Y entonces sucedió algo realmente sorprendente. El administrador de un teatro en Ocean Park, California, tuvo una gran idea: invitó a los niños a asistir al teatro y ver horas enteras de animaciones de Mickey Mouse. Todos los niños que asistían se convertían en socios de un club llamado el Club Mickey Mouse. Se organizaban concursos de comidas y juegos de canicas para los socios del club.

Walt asistió al teatro una tarde y se encontró con mil socios del Club Mickey Mouse dando alaridos de emoción ante su héroe, así que Walt decidió fundar clubes en otras ciudades.

En breve, empezaron a surgir Clubes Mickey Mouse por todo el país. En sus reuniones, los niños recitaban la promesa de Mickey Mouse: "Los ratones de Mickey no dicen groserías, no fuman, no hacen trampa ni dicen mentiras". También tenían una canción especial.

Los Clubes Mickey Mouse hicieron aún más popular a Mickey, y las películas hicieron que más niños quisieran unirse a los clubes.

Poco después, una tira cómica de Mickey—

dibujada por Ub Iwerks—aparecería en cuarenta periódicos de todo el país. Los jóvenes enloquecieron comprando muñecos, botones, lápices, cepillos de dientes y libros de Mickey Mouse.

Walt había logrado hacer algo nuevo, algo importante, tal como siempre había esperado.

Y era apenas el inicio…

Capítulo 7
Altibajos

Walt Disney estaba en la cima del mundo cuando los problemas golpearon una vez más al estudio. Un distribuidor deshonesto aspiraba a controlar a Mickey Mouse. Walt ya había perdido a Oswald, no dejaría que se llevaran a Mickey. Roy logró negociar para que los Disney conservaran la propiedad sobre Mickey pero el distribuidor logró sonsacar a Ub Iwerks.

¿Por qué Ub abandonó a Walt?

Ub consideraba que Walt siempre se quejaba de su trabajo y además siempre recibía todo el crédito por sus dibujos animados. Según Ub, Walt era incapaz de dibujar a Mickey Mouse correctamente. Una

vez un niño le rogó a Walt que le dibujara a Mickey y le diera un autógrafo. Walt le pidió a Ub que lo dibujara y luego él lo firmaría. Ub se enfureció tanto que le dijo que lo dibujara él mismo y salió dando un portazo.

Perder a Ub era grave. Walt estaba furioso y dolido pero contrató nuevos animadores para conformar su equipo. Muy pronto entendieron que Walt era el hombre más importante de la empresa aunque no hiciera los dibujos. Él escogía lo que se hacía y trabajaba en el desarrollo de las historias y su ilustración. Tomaba todas las decisiones. Si a los nuevos animadores no les gustaba, tendrían que callar o renunciar al empleo.

A principios de la década de 1930, Walt Disney Studios produjo muchos cortometrajes animados llamados *Silly Symphonies* (*Sinfonías tontas*). Como siempre, Walt quería producir algo nuevo. *Los tres cerditos* tenía una trama mayor. La historia de los cerditos y el lobo hambriento provenía de *El libro verde de las Hadas,* de Andrew Lang. A Walt se le ocurrió ponerle una canción que tituló "¿Quién le teme al gran lobo malvado?". La gente salía de los teatros silbando la tonada: era una canción que parecía alegrar al público.

Los tres cerditos se estrenó en 1933, un momento en que la gente necesitaba desesperadamente algo que la alegrara. Vivían en medio de lo que se llamó la Gran Depresión. Miles de compañías habían quedado en bancarrota. Millones de trabajadores perdieron sus empleos. La mayoría perdió sus casas. Menos familias tenían dinero para hacer gastos extra como ir al teatro a ver películas.

LA GRAN DEPRESIÓN

EN LA DÉCADA DE 1920 MUCHOS
ESTADOUNIDENSES COMPRARON Y VENDIERON
ACCIONES DE COMPAÑÍAS. ALGUNOS SE HICIERON
RICOS NEGOCIANDO EN EL MERCADO DE VALORES
PERO, EN 1929, MUCHAS DE ESAS ACCIONES
PERDIERON SU VALOR Y EL MERCADO SE
DERRUMBÓ.

LOS BANCOS CERRARON Y MILLONES DE PERSONAS PERDIERON SU EMPLEO. DEBIDO AL DESEMPLEO, LAS PERSONAS TENÍAN POCO DINERO PARA COMPRAR CASAS, AUTOS O ALIMENTOS, POR LO QUE PASABAN HORAS HACIENDO FILA PARA RECIBIR COSAS TAN BÁSICAS COMO UNA BARRA DE PAN. LA GRAN DEPRESIÓN TERMINÓ A PRINCIPIOS DE LA DÉCADA DE 1940.

Pero al estudio de Walt Disney le iba bien. En 1930, una compañía llamada Technicolor estaba produciendo películas de calidad, en color, para el cine. Se dice que Walt exclamó: "¡Al fin! Ahora podemos mostrar el arco iris en pantalla".

La primera película animada y a todo color de Walt fue *Flowers and Trees* (*Árboles y flores*) y contaba la historia de dos árboles que se enamoran. Ganó un Premio de la Academia.

Todos en Disney trabajaban duro, pero nadie tanto como Walt, quien se exigía hasta el punto de caer rendido. Estaba extenuado y de peor humor.

También estaba molesto porque él y Lillian no habían podido tener hijos. A Walt le preocupaba la idea de nunca ser padre. No podía dormir por las noches y lloraba con frecuencia. Se enfermó tanto que su médico insistió en que tomara unas largas vacaciones para recuperarse del estrés.

En el otoño de 1931, Walt y Lillian tomaron un tren con destino a Washington, D.C. Montar en tren relajaba y divertía a Walt. Hicieron un viaje en barco por el Canal de Panamá, en

el que holgazaneaban en la cubierta y tenían
cenas románticas. Cuando regresaron a casa, Walt
comenzó a hacer deporte para contrarrestar el
estrés: patinaje, natación, equitación y polo.

En 1933 Lillian quedó embarazada. Walt estaba
feliz. Le escribió a su familia y le contó acerca de
todos los objetos rosados y azules que poblaban el

cuarto del bebé. Una niña muy saludable nació el
18 de diciembre: Diane Marie Disney.

Lillian no podría tener más hijos después del
parto de Diane por lo que, en 1937, los Disney
adoptaron una niña a la que llamaron Sharon Mae.

Walt hizo todo lo posible para dar a sus hijas una
vida feliz. Y siempre tenía a mano una filmadora

para grabar las alegrías de la familia. Solía leerles, sacarlas a pasear, actuar para ellas y llevarlas a

montar en bicicleta por el estudio. Incluso, les
construyó una casa de juguete inmensa que parecía

hecha para Blancanieves.

Walt no estaba interesado en las fiestas elegantes de Hollywood. Prefería quedarse en casa y comer frijoles con chili y galletas. Roy, su esposa e

hija, vivían cerca. Las dos familias se veían con frecuencia.

Sin embargo, los padres de Walt seguían viviendo muy lejos, en Portland, Oregón. Walt y Roy decidieron comprarles una casa en California

y así todos podrían verse con frecuencia.

La casa era un regalo maravilloso hecho con la intención de darles una alegría. Sin embargo, fue causa de penas terribles. Había un problema con la calefacción. De repente, un día en 1938, Elías y Flora enfermaron a causa de los gases venenosos de un escape. Elías se recuperó pero, lamentablemente, Flora murió.

Walt quedó tan afectado que durante el resto de su vida se rehusó a hablar sobre la muerte de su madre.

Capítulo 8
Blancanieves

Walt Disney siempre estaba buscando nuevas ideas y la forma de mejorar lo que se hacía en los dibujos animados. Él y sus artistas perfeccionaron el color y el sonido, pero Walt no se detuvo ahí.

En 1933 decidió hacer un largometraje animado. Hasta entonces, los dibujos animados duraban tan solo unos pocos minutos y en los teatros los proyectaban antes de los largometrajes. Pero Walt sabía que los niños podían pasar horas sentados viendo diferentes películas de Mickey Mouse. Entonces, ¿por qué no habrían de ver una película animada de larga duración si era lo suficientemente buena?

Además de ser cortos, los dibujos animados estaban llenos de bromas. Sin embargo, un largometraje animado necesitaba algo más. Walt necesitaba una historia romántica, dramática y emocionante. El famoso cuento de hadas, *Blancanieves*, cumplía con todos esos requisitos, así que Walt lo escogió.

Crear *Blancanieves y los siete enanitos* tomó años de trabajo. Se hizo más de un cuarto de millón de dibujos para la película de ochenta y tres minutos. Walt se encargó de todas las etapas de la producción.

En las reuniones, Walt representaba las escenas frente a su equipo de animadores. Los artistas copiaban sus expresiones y movimientos en sus dibujos.

Disney esperaba que cada personaje fuera tan real como si fuese un actor de carne y hueso. Sí, habría escenas divertidas, pero también partes en las que el público lloraría o dejaría de respirar del susto.

Los escenarios también eran importantes: no podrían verse planos y en dos dimensiones. Por ejemplo, la casa de los siete enanitos tenía que verse sólida y ocupando un espacio real. Una cámara multi-planos especial contribuyó a que todo pareciera de tres dimensiones.

Los artistas de Disney pasaron más de tres años haciendo *Blancanieves*. A uno de ellos le tomó casi un año dibujar una escena divertida de los enanitos tomando sopa y ¡ni siquiera se usó en la película!

Roy tenía uno de los trabajos más duros porque estaba encargado de conseguir el dinero para producir *Blancanieves*. El estudio pidió prestados más de un millón y medio de dólares, una suma increíblemente grande para una película de dibujos animados. ¿Qué pasaría si la película resultaba un fracaso? ¿Cómo pagarían la deuda?

CARTHAY CIRCLE THEATRE

Blancanieves y los siete enanitos se estrenó el 21 de diciembre de 1937 en el Carthay Circle Theatre de Los Ángeles. Las estrellas de Hollywood llegaron vestidas en traje de noche y esmoquin.

El público quedó mudo ante la belleza de la

película. El aplauso final retumbó como un trueno.

Walt apareció en la portada de la revista *Time* y la película fue calificada como una obra maestra. Walt ganó un premio especial de la Academia (tenía un Óscar de oro rodeado por siete Óscares más pequeños).

En los años siguientes, Disney produjo otras tres maravillosas películas animadas: *Fantasía*, *Pinocho* y *Bambi*. Sin embargo, ninguna de ellas tenía la magia de *Blancanieves* que, hasta hoy día, sigue siendo una de las películas más populares en la historia.

Capítulo 9
La huelga

Blancanieves produjo tanto dinero que Roy y Walt compraron cincuenta y un acres de tierra para sus estudios en Burbank, California.

En 1940 todos se trasladaron a las nuevas instalaciones. La compañía se había convertido en algo grande. Tenía cientos de empleados. Los animadores trabajaban en un edificio; los entintadores, pintores y artistas de efectos especiales estaban en otros. Walt pensaba que sus empleados estarían muy contentos de abandonar las viejas y estrechas oficinas para trabajar en edificios modernos con aire acondicionado. Pero se equivocaba…

Hasta entonces, los empleados de Disney trabajaban todos juntos y se sentían parte de una gran familia. Ahora los habían separado. Rara vez veían a Walt. Hubo quejas de que el estudio parecía una gran fábrica.

Para rematar, el estudio nuevamente tenía problemas económicos.

Las ventas de películas animadas a teatros en toda Europa dejaban mucho dinero. Pero, desde 1939, la guerra—la Segunda Guerra Mundial— arrasaba a Europa, por lo que el mercado para las películas de Disney desapareció. Roy tuvo que reducir los salarios y los empleados quedaron muy molestos. Amenazaron con dejar de trabajar si Walt y Roy no tomaban en cuenta sus quejas. Walt

organizó una reunión e intentó calmar a la gente pero no lo logró.

El 29 de mayo de 1941, cientos de trabajadores de Disney se declararon en huelga, o sea, se rehusaron a trabajar hasta que se aceptara lo que pedían. Se ubicaron en la entrada de los estudios, gritando a aquellos que se atrevían a entrar a trabajar. Cuando Walt llegaba cada mañana en su auto, los trabajadores le gritaban y golpeaban su coche.

La huelga duró nueve semanas y dejó a Walt muy enojado. Estaba convencido de que Disney siempre había sido justo con sus empleados. Se sentía traicionado y su salud volvió a sufrir a causa del estrés. A principios de agosto viajó a América

del Sur y, mientras estaba de viaje, Roy se encargó de negociar con los líderes de la huelga. Los empleados obtuvieron los salarios que exigían.

La huelga cambió a Walt. Se rehusó a reconocer que algunas de las exigencias de los empleados podían ser justas. Estaba amargado. Luego, en septiembre, murió Elías, su padre. Sus padres ya no existían y su siguiente largometraje, *Dumbo*, sobre un elefante volador, no tuvo el éxito que él esperaba. Se estrenó en octubre de 1941.

Todo cambió en los estudios a partir del 7 de diciembre de 1941, cuando los japoneses bombardearon una base naval estadounidense en Pearl Harbor, Hawái. Ahora, Estados Unidos estaba también en guerra. Los soldados estadounidenses luchaban en dos frentes: en el Pacífico y en Europa.

PEARL HARBOR

EL DOMINGO 7 DE DICIEMBRE DE 1941 LOS JAPONESES BOMBARDEARON UNA BASE NAVAL EN PEARL HARBOR, HAWÁI. EL ATAQUE SORPRESA DESTRUYÓ BUQUES DE GUERRA Y AVIONES, Y MATÓ A DOS MIL CUATROCIENTAS PERSONAS. LOS ESTADOUNIDENSES QUEDARON HORRORIZADOS POR LA NOTICIA. AL DÍA SIGUIENTE, EL PRESIDENTE FRANKLIN ROOSEVELT DECLARÓ LA GUERRA A JAPÓN Y, TRES DÍAS DESPUÉS, TAMBIÉN A ALEMANIA E ITALIA. LA

FRANKLIN D. ROOSEVELT

SEGUNDA GUERRA MUNDIAL TERMINÓ EN EUROPA EN MAYO DE 1945. JAPÓN NO SE RINDIÓ HASTA AGOSTO DE 1945, DESPUÉS DE QUE ESTADOS UNIDOS LANZÓ UNA BOMBA ATÓMICA SOBRE LAS CIUDADES DE HIROSHIMA Y NAGASAKI, EN JAPÓN.

El ejército estadounidense se apoderó de los estudios de Walt. Se necesitaban películas de entrenamiento para los soldados. A Walt le costaba mucho trabajo ser creativo en ese tipo de trabajo.

Walt usó al Pato Donald en varios dibujos animados para el ejército estadounidense. En uno, Donald es un flacucho soldado estadounidense que se convierte en héroe. En otra película, el Pato Donald vive una vida miserable en la Alemania Nazi. Al final, resulta ser solo una pesadilla. Donald se despierta, a salvo y feliz en Estados Unidos. El objetivo de estas películas era hacer que los estadounidenses se sintieran orgullosos de su país.

La guerra terminó en 1945. Walt podía volver a hacer sus propias películas y el resultado fueron varias películas de acción-real. Pero el público no recibió *La isla del tesoro*, *La familia Robinson* o *20.000 leguas de viaje submarino* tan bien como había recibido a *Blancanieves*. Una película de Disney, *Canción del Sur*, enfureció a muchas personas. El personaje principal era un anciano afro-americano llamado Tío Remus, quien vivía en una plantación en el sur. La NAACP, una antigua organización de derechos civiles, consideró que la película hacía ver las vidas de los esclavos como algo alegre (aun cuando la película transcurre tras el final de la Guerra

Civil). Los negros estadounidenses estaban muy molestos. Los críticos consideraron que Walt Disney había perdido contacto con la realidad.

Walt comenzó a hacer películas sobre la naturaleza, tales como *Seal Island* (*La isla de las focas*), historias en las que animales reales eran filmados pero siguiendo una historia ficticia. Walt no se involucró de corazón en estas películas como lo había hecho con sus clásicos. Tal vez comenzaba a aburrirse de hacer películas.

O, tal vez, el motivo fue que ya estaba pensando en otro gran proyecto...

Capítulo 10
Un mundo de fantasía

En algunos aspectos, Walt Disney siempre fue un niño. Cuando llevaba a sus hijas al tiovivo en Griffith Park, también él se subía a un caballo.

En su casa, Walt pasaba horas enteras jugando

con juguetes de cuerda y trenes a escala.
Incluso hizo construir una pequeña vía de
ferrocarril en su
jardín trasero.
Los fines de
semana se
ponía una
gorra de maquinista y llevaba a sus hijas y amigos
a "montar" en tren. Luego, preparaba inmensos

banana splits que nadie alcanzaba a terminar. Era una gran diversión.

Todo ello llevó a Walt a pensar ¿cómo sería un lugar al que toda la familia, no solo los niños, pudiera ir y divertirse? Sería como un parque de diversiones pero más limpio, diferente, mejor. Tendría una aldea como Marceline, Misuri; en las tiendas se vendería ropa y juguetes de Disney; habría un pequeño ferrocarril, un teatro y atracciones... muchas atracciones.

A Roy no le entusiasmó tanto la idea de Disneylandia. "¿Quién lo pagará?", preguntó. Pero Walt ya tenía la respuesta.

La televisión siempre le había fascinado. Sabía que sería la siguiente gran novedad. Durante las décadas de 1920 y 1930, las personas se aficionaron a los programas de radio. Pero en el radio uno únicamente oía, no había nada que ver.

La televisión fue el fin de los shows de radio. Muchos cineastas también vieron a la televisión como un enemigo. La pantalla chica estaba llevándose al público de las películas en pantalla grande. Pero Walt no lo vio así. Para él, la televisión era otra forma de entretener a la gente. Pensó que alguna cadena invertiría en su parque temático a cambio de un programa de televisión de Disney.

Tenía razón...

ABC comenzó a transmitir un programa que incluía dibujos animados de Disney y algunos fragmentos de acción-real. Fue un gran éxito. El único programa que lo superaba en popularidad era *I love Lucy* (conocido en América Latina como *El show de Lucy*), protagonizado por la humorista Lucille Ball.

Walt era el anfitrión del programa. Se dirigía al público de manera amable, como un abuelito. Muy pronto, todos los niños conocían su rostro: se había convertido en una estrella.

El Club de Mickey Mouse fue otro gran éxito para ABC. En cada episodio había un noticiero, un dibujo animado, y canciones y bailes representados por un grupo de jóvenes actores llamados los

Mouseketeers. El primer programa se transmitió en 1955 y, durante años, se presentó cinco días a la semana.

Walt también creó una miniserie del oeste llamada *Davy Crockett*. Davy Crockett

DAVY CROCKETT fue un hombre real que vivió en la frontera de Tennessee a principios del siglo XIX. Para el papel de Davy, Walt escogió a un apuesto actor joven llamado Fess Parker. Aunque solo se hicieron tres episodios de *Davy Crockett*, todos los niños querían tener un gorro de piel de mapache como el de Davy y se sabían la letra de la canción de la serie.

El estudio hizo mucho dinero en la televisión y esta permitió a Walt construir su sueño de Disneylandia. Como en todos los grandes proyectos de Disney, Walt controlaba todo. Le encantaba trabajar en el parque de atracciones. Si deseaba crear una selva, lo hacía. Si un lago no era suficientemente grande, lo hacía crecer.

Disneylandia se inauguró el 17 de julio de 1955 en Anaheim, California. Cuatro días antes, él y Lillian habían cumplido treinta años de casados.

La inauguración no estuvo libre de problemas. Las multitudes esperaban en fila bajo un sol apabullante. Algunas de las atracciones aún no funcionaban. El tren no llevaba a ningún lugar porque la vía terminaba en la mitad de la nada. No había suficientes botes de basura ni fuentes de agua.

Pero Walt se encargó de solucionarlo todo. Muy pronto el lugar estaba impecable. Todos los trabajadores eran amables y alegres porque tuvieron que asistir a la "Universidad Disney" para aprender

exactamente cómo debían comportarse con los visitantes.

Personas del mundo entero acudían a Disneylandia. Podían pasar el día en *Fantasyland (Tierra de la Fantasía)* con su castillo y sus personajes de cuento de hadas. Podían buscar hipopótamos y otros animales salvajes en *Adventureland (Tierra de la Aventura)*, o dar un paseo en el vapor de Mark Twain. Había una Calle Principal muy similar a la de Marceline, Misuri.

Walt disfrutaba de Disneylandia tanto como los demás, pero tenía que disfrazarse con un sombrero y gafas oscuras. De otra forma, los admiradores no lo dejaban en paz. A pesar de ello, a veces algún niño lo reconocía; entonces, Walt se llevaba un dedo a los labios para que no lo delatara y le pasaba en secreto un autógrafo.

Cuando el parque cerraba, Walt lo tenía todo para él solo. Conducía un pequeño camión de bomberos por las calles o se relajaba en su apartamento privado ubicado encima de la Estación de Bomberos en la Calle Principal. Ya estaba pensando en el siguiente gran proyecto: una ciudad del futuro. Los planes de Walt para EPCOT—Prototipo de Comunidad Experimental del Mañana—incluían monorrieles y vías subterráneas para mantener a los niños a salvo de los automóviles. Las calles de la ciudad se diseñarían imitando diferentes lugares del mundo. ¡Era exactamente el tipo de lugar donde Walt querría vivir!

EPCOT

EPCOT ES UN PARQUE DE ATRACCIONES EN WALT DISNEY WORLD EN ORLANDO, FLORIDA. LA PALABRA EPCOT CORRESPONDE A LA SIGLA DE *EXPERIMENTAL PROTOTYPE COMMUNITY OF TOMORROW (PROTOTIPO DE COMUNIDAD EXPERIMENTAL DEL MAÑANA)*. EN LOS AÑOS 60, WALT DISNEY CONCIBIÓ EPCOT COMO UNA CIUDAD MODELO EN LA QUE LAS PERSONAS VIVIRÍAN Y TRABAJARÍAN. NO HABRÍA CRÍMENES, BARRIADAS O TRÁFICO. TRAS SU MUERTE, LA DISNEY COMPANY

DECIDIÓ QUE NO ESTABA INTERESADA EN ADMINISTRAR UNA CIUDAD, ASÍ QUE LA IDEA DE EPCOT—QUE SE INAUGURÓ EN 1982—CAMBIÓ. ES UNA VITRINA DE LAS DIFERENTES CULTURAS Y COSTUMBRES DE DISTINTOS PAÍSES DEL MUNDO.

Capítulo 11
El acto final

Algunos hombres reducen el ritmo a medida que envejecen pero ese no fue el caso de Walt Disney. Tenía demasiadas ideas y no podía dejar de trabajar.

En 1964 se llevó a cabo una gigantesca feria mundial en las afueras de Nueva York. Algunas de las

UNIESFERA

mejores exposiciones fueron diseñadas
por Walt Disney. Una se llamó
"Grandes momentos con el señor
Lincoln": un robot de Abraham
Lincoln se levantaba de una
silla, miraba a derecha e
izquierda al público,
luego cambiaba de
posición y daba un
discurso sobre la libertad.
El robot parecía tan real
que la gente creía que era un actor.

Walt ya no pasaba mucho tiempo en los
estudios, hacer películas ya no le interesaba.
Diane y Sharon estaban casadas. Walt y Lillian se
encargaban frecuentemente de los nietos. A Walt
le encantaba tener la casa llena de niños otra vez.

Con frecuencia, se sentaba en el jardín a mirar
a los niños apilar los muebles del patio para crear
fuertes y cohetes. Le permitía a sus nietos pasar

la noche en Disneylandia y explorarla cuando no había nadie más allí. Incluyó a algunos de ellos en sus películas, solo para divertirse.

En julio de 1966, Walt y Lillian celebraron su aniversario número 41 de casados. Viajaron con toda la familia en un crucero a Columbia

Británica. Walt no se sentía bien pero disfrutó del paseo con sus nietos, a quienes dejaba trepar encima de él. Cuando se cansaba, se retiraba a la cubierta superior del barco a pensar... a pensar en EPCOT.

Después del viaje, Walt no mejoró. Los exámenes médicos revelaron algo muy grave: Walt tenía cáncer de pulmón. Walt había estado fumando desde cuando estuvo en Francia. Sin embargo, hasta 1964, nadie sabía que fumar daba cáncer.

Roy lo visitó mientras estaba en el hospital. Lo encontró mirando al techo. Walt le indicó dónde iría cada cosa en EPCOT. Al día siguiente, el 15 de diciembre de 1966, murió. Tenía sesenta y cinco años.

No alcanzó a ver la apertura de Walt Disney World, en Florida, en 1971. Pero Roy estaba allí y no se retiró hasta que se terminó Walt Disney World.

Walt Disney nos dejó hace tiempo ya. Sin embargo, sigue entreteniendo a la gente a través de libros, discos, películas, juguetes y sus parques alrededor del mundo que millones de familias visitan cada año con la intención de divertirse.

CRONOLOGÍA DE LA VIDA DE WALT DISNEY

1901	Walt nace el 5 de diciembre en Chicago, Illinois
1906	La familia Disney se muda a una granja en Marceline, Misuri
1910	La familia Disney se traslada a Kansas City, Misuri
1917	La familia se traslada a Chicago
1918	Walt Disney trabaja como conductor de ambulancias en Francia durante la Primera Guerra Mundial
1919	Walt funda su primera compañía comercial
1920	Walt aprende animación en la Kansas City Slide Company
1922	Walt crea los dibujos animados que denominó *Risogramas*
1923	Walt y su hermano Roy fundan el Disney Brothers Studio
1925	Se casa con Lillian Bounds el 13 de julio
1928	Lanza la película de Mickey Mouse llamada *Steamboat Willie*
1937	Lanza *Blancanieves y los siete enanitos*
1950	Walt sale en televisión en *Una hora en el País de las Maravillas*
1955	Walt inaugura Disneylandia el 17 de julio
1964	Exhibiciones de Disney en la Feria Mundial de Nueva York
1965	Compra terrenos en la Florida para EPCOT
1966	Muere de cáncer de pulmón el 15 de diciembre

CRONOLOGÍA DEL MUNDO

Marconi envía la primera señal de radio transatlántica —	1901
Primer vuelo de los hermanos Wright —	1903
Se hunde el *Titanic* y 1.513 personas mueren —	1912
Comienza la Revolución Rusa —	1917
Termina la Primera Guerra Mundial —	1918
Los New York Yankees contratan a Babe Ruth —	1920
Se inaugura el Monumento a Lincoln —	1922
Adolfo Hitler publica su libro *Mi lucha* —	1925
Amelia Earhart vuela sola a través del Atlántico —	1932
Se publica el primer libro infantil del Dr. Seuss —	1937
Alemania invade Polonia y comienza la Segunda Guerra Mundial —	1939
Japón bombardea Pearl Harbor y Estados Unidos entra a la guerra —	1941
Termina la Segunda Guerra Mundial —	1945
Muere Albert Einstein —	1955
Martin Luther King pronuncia su discurso "Yo tengo un sueño" —	1963
La canción "Yesterday", de los Beatles, llega al número uno en Estados Unidos —	1965
Los pañales desechables Pampers adquieren popularidad —	1966
Se publica *Harry Potter y la piedra filosofal* —	1998

Bibliografía

Barrier, Michael. **The Animated Man: A Life of Walt Disney.** University of California Press, California, 2007.

*Feinstein, Stephen. **Read About Walt Disney.** Enslow, New Jersey, 2005.

Finch, Christopher. **The Art of Walt Disney: From Mickey Mouse to the Magic Kingdoms.** Harry N. Abrams, Inc., New York, 1975.

Gabler, Neal. **Walt Disney: The Triumph of the American Imagination.** Vintage, New York, 2006.

*Hammontree, Marie. **Walt Disney: Young Movie Maker.** Aladdin, New York, 1997.

Jackson, Kathy Merlock (editor). **Walt Disney: Conversations.** University Press of Mississippi, Mississippi, 2006.

Merritt, Russell and J. B. Kaufman. **Walt in Wonderland: The Silent Films of Walt Disney.** Le Giornate del Cinema Muto, Italy, 1993.

*Preszler, June. **Walt Disney.** Capstone Press, Minncsota, 2003.

*Selden, Bernice. **The Story of Walt Disney: Maker of Magical Worlds.** Yearling, New York, 1989.

*Libros para lectores jóvenes.

Lista de algunas de las películas hechas por Walt Disney

Blancanieves y los siete enanitos......................1937

Pinocho..1940

Fantasía..1940

Dumbo...1941

Bambi..1942

Canción del Sur...1946

La Cenicienta...1950

La isla del tesoro...1950

Alicia en el País de las Maravillas....................1951

Peter Pan..1953

20.000 leguas de viaje submarino....................1954

La dama y el vagabundo................................1955

El perro cobarde...1957

La bella durmiente..1959

La familia Robinson.......................................1960

Operación Cupido..1961

La espada en la piedra..................................1963

Mary Poppins...1964